THE BROONS

© DCT Consumer Products (UK) Ltd 2019.
D.C Thomson & Co., Ltd, 185 Fleet Street, London EC4A 2HS.
Printed in EU.

FOR HOGMANAY YE CANNAE BEAT A PARTY AT 10 GLEBE STREET.

THERE'S NOTHING LIKE A CAULD, CRISP DAY TAE BLAW THE WINTER COBWEBS AWAY.

HORACE BROON DIDNAE SEE HIS FIRST DATE ENDING IN A&E.

THE YOUNG BROONS ARE A' WISHIN' FOR A NEW BURNS NICHT TRADITION.

EAST MEETS WEST,
HAME COOKIN'S BEST.

MAW BROON'S THE TALK O' THE STREET WHEN HEN'S KNOCKED OFF HIS FEET.

YOU FORGOT YOUR LUNCH BOX, HEN.

SHE BABIES THAT LADDIE - HE'LL NEVER LEAVE THE HOOSE.

AYE, AND HIM NEAR FORTY.

I'M PICKING A PUSHCHAIR UP FOR MRS IMRIE THIS AFTERNOON. CAN YOU GIVE ME A LIFT HAME WI' IT, SON?

AYE, I'LL MEET YE IN THE HIGH STREET AT HALF FIVE.

SO LATER...

SURE YOU DON'T WANT IT DELIVERED, MRS BROON?

NAW, YE'RE FINE. MY LADDIE IS GIVING ME A LIFT HAME.

MICHTY, I'M LATE TAE MEET HEN AND HE'LL BE NEEDING HIS TEA.

HELP MAH BOAB! IT'S HEN.

HOWL!

OH, DEAR.

PLOP!

I'M STUCK, PULL ME OOT.

PULL!

I CANNA - WE'LL HAVE TAE GO HAME AND GET JOE TAE HELP YE OOT.

LOOK, AH TELT YE SHE BABIES HIM.

AYE, AND SHE'S GETTING WORSE.

DAPHNE BROON TAKES A CHANCE
AT THE AUCHENTOGLE VALENTINE'S DANCE.

THERE, MAW. A BRAND NEW WASHIN' MACHINE ALL READY TAE GO.

WONDERFUL!

I'LL TRY IT OOT RIGHT AWA.

HMM... SUPER-DUPER-SPIN? I'LL GIE IT A GO.

SOON...

CRIVVENS! LOOK WHIT I'VE DONE TAE JOE'S JUMPER.

THE NEXT DAY...

I'VE GOT DAPHNE AND MAGGIE'S PAIRTY GEAR TAE WASH. I'D BETTER BE CAREFUL.

ME'LL HELP!

WE DAE THIS... AN' PRESS THIS.

YOU'RE AWFY CLEVER, LASS.

BUT...

NO' AGAIN!

LATER...

HAVE YE SEEN MY BLACK DRESS FOR TONIGHT, MAW?

OR MY WHITE DRESS?

ERM...

ME CAN EXPLAIN. I HELPED MAW WI' THE WASHIN'...

...SO I COULD GET LOVELY NEW CLAES FOR MY DOLLIES TAE WEAR!

SHE'S A CRAFTY WEE MINX.

THEY DOLLS LOOK SUPER-STYLISH, THOUGH!

I'LL MAK' SURE I LEARN HOW TAE WORK THAT NEW-FANGLED WASHIN' MACHINE!

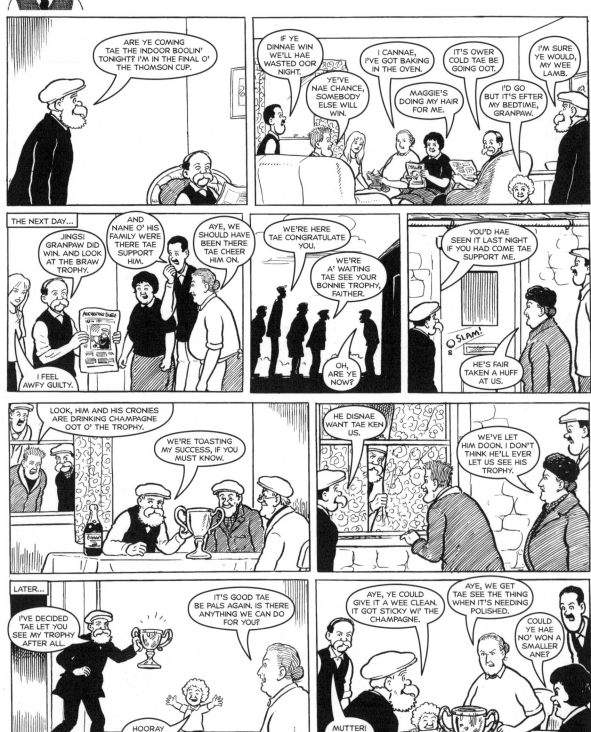

PAW BROON TRIES TAE SEE THE APPEAL O' VIRTUAL REALITY.

PAW'S FIXIN' SKILLS ARE AWFY SPLENDID,
BUT THERE'S AYE SOMETHIN' NEEDING MENDED.

ME'S DOLLY IS UNDER THE SOFA.

WAIT AND I'LL SHIFT IT, MY WEE LAMB.

PUFF! WHAT A WEIGHT THIS THING IS.

DINNA YOU RUN AWA AGAIN, MILLY.

WE'RE NEEDING TAE BUY A NEW LIGHTWEIGHT SOFA. MY BACK IS NEAR BROKEN MOVING THAT THING.

NAW, NAW. WE'RE NO' NEEDING TAE SPEND MONEY LIKE THAT.

IT'S JUST THE CASTORS THAT ARE NEEDING A DRAPPIE OIL.

LOOK AT THAT. A WEE BIT OIL HAS SAVED ME HUNDREDS OF POUNDS.

TING!

ROLL!

I'M WABBIT - I'M GOING TAE HAE A WEE SEAT BEFORE TEA.

I'VE HAD A HARD DAY TAE.

NO' AS BAD AS MINE. I'LL HAE TAE PUT MY FEET UP FOR A WHILE.

BRAW - OOR COMFY SOFA.

LEAP!

MICHTY! IT'S AN EARTHQUAKE.

SLIDE!

CRASH!

Furniture, Beds & Mattresses

WE'RE MAYBE NO' NEEDING A SOFA BUT WE'RE NEEDING A NEW TABLE AND DISHES NOO.

HELP MAH BOAB! YE JUST CANNAE WIN.

A VISITOR COMES TAE STAY
FOR SAINT PATRICK'S DAY.

GLEBE STREET'S IN AN AWFY MESS, BUT MAW HAS THE RECIPE FOR SUCCESS.

WILL DAPHNE'S NEW MAN IMPRESS THE BROONS CLAN?

A TRIP TAE THE BUT AN' BEN
INSPIRES PLENTY LAUGHS FOR HEN.

I'M DOIN' STAND-UP COMEDY AT THE BOOLIN' CLUB NEXT WEEK, BUT I CANNAE THINK O' ANY NEW JOKES.

WE'RE GOING TAE THE BUT AN' BEN. ALL THAT FRESH AIR AND BONNIE SCENERY WILL INSPIRE YE.

THIS IS NO' A VERY GUID START, MY JOKE BOOK IS GETTING WET.

SIT AND LOOK OOT AT THE BONNIE SCENERY AND YE'LL MAYBE THINK O' SOMETHING.

I THINK I'M GOING TAE GREET.

MY SHOES ARE FILLING WI' WATER.

SORRY THIS WEEKEND HAS BEEN A WASHOUT FOR YE, SON.

NOT AT ALL, MAW.

AT THE BOOLIN' CLUB...

THEY SAY IF YE CAN SEE THE PEAK O' BEN FESHIE IT'S GOING TAE RAIN, AND IF YE CANNAE SEE IT THEN IT'S ALREADY RAINING.

DO YOU REMEMBER THE ICE BUCKET CHALLENGE? OR, AS IT'S CALLED IN GLEN FESHIE, 'GOING OOTSIDE'.

SUMMER IS NICE IN GLEN FESHIE THOUGH. THE RAIN IS WARMER.

WE HELPED HEN EFTER A'. HE'S DONE A WHOLE ACT ABOOT IT RAINING.

THE BROONS' DAY IS MADE, RIDIN' IN THE EASTER PARADE.

PAW BROON DISNAE GET MUCH CARE
WHEN HE FRETS ABOOT LOSIN' HIS HAIR.

HORACE WILL NO' HAVE A SAY
AS THE HUSBAND IN THEIR PLAY.

EVEN WHEN HE'S WALKING 'ROOND THE TOON - HORACE CANNAE PUT A GUID BOOK DOON.

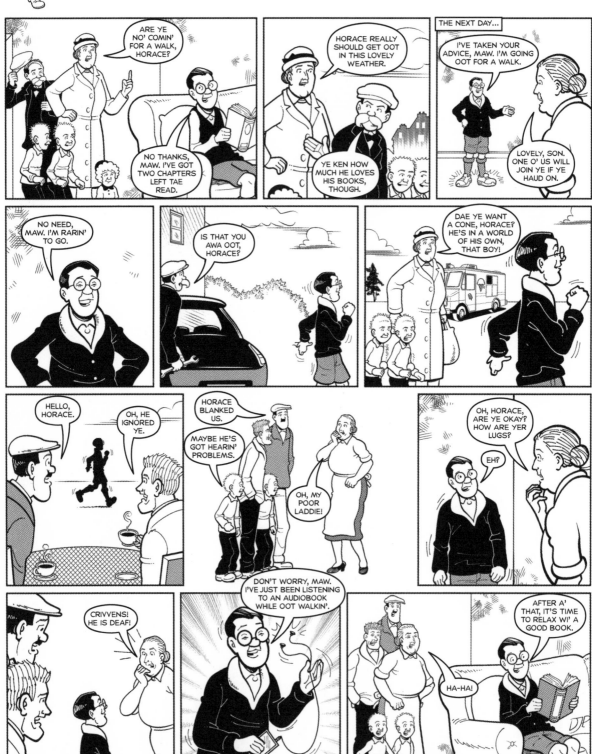

THERE'S REALLY NAE CONTEST – OOR GLEBE STREET HERO IS THE BEST.

THE BROONS FIND THEIR OWN EXOTIC ISLAND
IN THE MIDDLE O' THE HIGHLANDS.

MAW CANNAE BELIEVE WHIT MAGGIE WEARS -
HER JEANS ARE FU' O' RIPS AND TEARS.

JOE DISNAE DEAL A HEAVY CLOUT –
BUT MAW'S PLAN IS A KNOCKOUT.

I'M BOXING JOCK MCTAGGART TOMORROW NICHT.

JAB! JAB!

ARE YE NUTS? HE'S FULL O' MUSCLES, JOE.

HE CARRIES A' THE BOXES DOING THE HAME DELIVERIES FOR THE SUPERMARKET.

CAN YE NO' SAY YE'VE SPRAINED YER EAR OR SOMETHING, JOE?

NAW, YE JUST HAE TAE BE BRAVE.

MAYBE I'LL TRY SOME ONLINE SHOPPING.

NEXT DAY...

CRIVVENS! THIS HUGE ORDER IS FOR NUMBER TEN – RICHT AT THE TOP.

WHEEZE! IT'LL TAKE ABOOT TEN MAIR TRIPS.

GASP! THAT'S... GASP! THE... GASP! LAST O' IT. GASP!

THANKS, LADDIE. RUN ALONG THEN, I'M SURE YE'VE MAIR CUSTOMERS WAITING ON THEIR ORDERS.

THAT NIGHT...

JOCK MCTAGGART DISNAE LOOK TOUGH – HE LOOKS READY TAE COLLAPSE.

WINNER BY A KNOCKOUT – JOE BROON.

BUT HE JUST FELL DOON!

ZZZZZ

WHAT'S A' THIS STUFF DOING HERE, MAW?

SAVING YER SON, PAW.

THE BROONS MICHT THINK THEIR PLAN IS BRAW, BUT IT TAKES A LOT TAE TRICK MAW!

THE YOUNG BROONS A' GUFFAW –
CAN YE IMAGINE HEN AS A PAW?

ARE YE PAW'S WEE LASS TODAY, DARLIN'?

AYE, ME IS.

I WISH I HAD FOUND THE RIGHT LASSIE AND GOT MARRIED AND HAD BAIRNS.

THERE'S PLENTY TIME YET, LADDIE.

I'D BE A BRAW FAITHER.

CAN YOU IMAGINE IF THE BABY HAD YOUR LEGS?

THE PRAM WOULD BE AWFY LONG.

Stroll!

AND IT MICHT HAE YER MOUSTACHE.

IT'D NEED TAE WEAR A PARACHUTE WHEN YE'RE WINDING IT.

IN CASE YE ACCIDENTALLY DROPPED IT.

STOP TAKIN' A RISE OOT O' HEN.

THAT'LL BE A HIGH RISE, THEN.

I WISH I'D NEVER SAID A THING.

ON SECOND THOUGHTS, THERE'S MAIR THAN ENOUGH BAIRNS IN THIS FAMILY.

DINNAE BE SO TOUCHY, HEN.

THE BROONS ARE LOOKIN' NICE AN' NEAT – BUT THEY'RE A' FIGHTIN' FOR A SEAT.

THE BROONS HAE A PLAN TAE TRICK PAW INTAE A TRIP TAE THE CINEMA.

HOW ABOOT TAKING US ALL TAE THE PICTURES TONIGHT, PAW?

AYE, THAT NEW SUPERHERO FLICK IS ON.

WHIT? IT WOULD COST A FORTUNE!

WELL, I'M GOING TAE THE PICTURES WI' A FELLA TONIGHT.

AND WHA IS THIS NEW CLICK O' YOURS?

THAT'S NAEBODY'S CONCERN BUT MINE.

PAW BROON, YOU'RE GOING TO THE PICTURES TAE MAK' SURE HE'S GUID ENOUGH FOR OOR DAPHNE.

YOU'RE RIGHT, MAW. I'LL DAE THAT.

MAYBE ME AND JOE SHOULD COME WI' YE, IN CASE HE'S A BAD SORT.

AYE, JIST TAE HOLD YOU BACK, NATURALLY.

AN' WE'LL NEED TAE TAK' THE BAIRNS WI' US. WE CANNAE LEAVE THEM ALONE.

IT'S A GOOD THING I CAME ALONG, JUST IN CASE DAPHNE GETS UPSET.

AYE, I'M NO' AWFY GOOD WHEN SHE'S UPSET.

THERE'S DAPHNE AND HER FELLA.

I WANT TAE SEE WHO THIS CLICK O' HERS IS. HE'S COST ME AN ARM AND A LEG.

GRANPAW BROON?

AYE, I ONLY SAID I WAS GOIN' WI' A FELLA.

COME AWA, MY BONNIE LASS.

I TELT YE WE COULD TRICK THE AULD MISER INTO TAKIN' US A' TO THE PICTURES.

SO, YOU'LL BE PAYIN' UP FOR DAPHNE AND ME AS WELL? GUID LAD.

I'VE BEEN DIDDLED!

CLEAN THE HOOSE AND COOK THE MEALS –
THERE'S LOADS TAE DO WHEN MAW'S UNWEEL.

POOR AULD PAW BROON
HAS NAE CHANCE O' SITTIN' DOON.

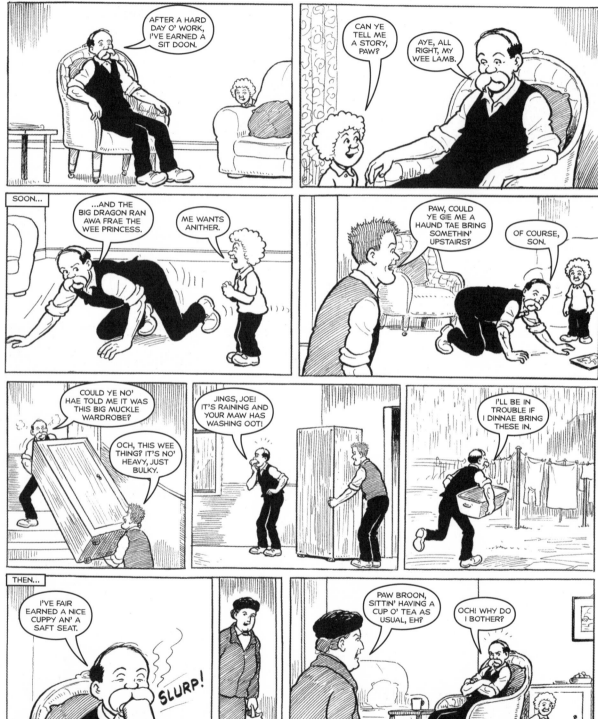

THE BROONS TAK' A CHANCE
AT TEACHIN' HORACE ABOOT ROMANCE.

HOMEWORK BEFORE YOUR TEA AS USUAL, HORACE? I WORRY ABOOT YOU, LADDIE.

NOT TONIGHT, PAW. I'M MEETING MORAG REID INSTEAD.

THAT'S MY BOY. I MIND WHEN I WAS WINCHIN' YOUR MAW...

AYE, PAW BROON? YOU MIND WHAT?

NOTHING, MY DEAR. JUST WHAT A BONNIE LASS YOU WERE, AND STILL ARE.

LET US GIE YOU SOME ADVICE, SON.

BE A GENTLEMAN. GIE HER FLOOERS OR CHOCOLATES. OR GIE HER THE FLOOERS AND GIE ME THE CHOCOLATES.

I'M NOT SURE...

FORGET THAT. TAK' THE LASSIE SOMEWHERE NICE, LIKE THE PICTURES OR FOR A NICE, ROMANTIC FISH SUPPER.

YOU NEED A SKOOSH O' THIS STUFF I BOUGHT LAST WEEK. THE LASSIES CANNAE GET ENOUGH O' IT.

TO DO WHAT? CLEAN THEIR DRAINS?

SKOOSH!

IF IT'S ALL THE SAME, I'LL LOOK AFTER THIS MYSELF.

LATER...

HE'S A BIT O' CHEEK TO TURN DOON OOR ADVICE.

BUT HE'S FAMILY, SO WE HAE TAE BE HERE TAE OFFER IT.

I BET HE'S TAKIN' HER TAE TONI'S.

SHE'S THE LASS FOR HIM, ALL RIGHT.

HE TOOK HER TAE THE LIBRARY! THAT'S HORACE FOR YE.

I REALLY DINNAE UNDERSTAND YOUNGSTERS THE DAY.

SILE

WHEN PLAYIN' WI' THE BAIRN'S TOYS,
THE BIGGEST BAIRNS ARE THE GLEBE STREET BOYS.

PAW BROON'S WONDERIN' WHY HE CANNAE GET PEACE FOR A LONG LIE.

WILL PAW BROON TAK' THE HUFF
WHEN HE REALISES WHY HE'S OOT OF PUFF?

HEN AN' DAPHNE ARE MAKIN' TEA - HOW BAD CAN IT REALLY BE?

HEAR PAW BROON'S BONES CREAK – HE'S GLEEBE STREET'S AULDEST ANTIQUE.

WE'VE BEEN ASKED TAE DAE A PROJECT ON AULD THINGS COMING BACK INTAE FASHION.

I CAN HELP YOU WI' THAT, BOYS. I'VE GOT LOADS O' RECORDS, OR DISCS AS WE USED TAE CALL THEM.

HAUD ON AND I'LL GET THE RECORD PLAYER GOIN'.

WHY WOULD ONYBODY WANT TAE BRING THAT BACK INTAE FASHION?

AH, THIS BRINGS BACK MEMORIES.

YOU CAN MAKE A FORTUNE SELLING VINYL ONLINE THESE DAYS.

REALLY?

WE CAN SCAN THE LABELS OF THE VINYL YOU WANT TO SELL.

WHIT ABOOT MY AULD RECORD PLAYER?

WE CAN TAKE A PHOTO OF THAT.

STOP! NAEBODY TOUCHES THAT RARE ANTIQUE BUT ME.

BUT WE COULD LIFT IT, PAW.

OH, JINGS!

I'M AFRAID YOU'VE SLIPPED A DISC, MR BROON.

HA-HA! THE ONLY ANTIQUE AROUND HERE IS YOU, PAW!

MAW BROON'S TRYING TAE LIVE CLEAN, TEACHIN' PAW BROON TAE BE GREEN.

THIS IS SURE TAE BE FUN – PAW BROON IS ON THE RUN.

THE BROONS LOVE COMIC BOOKS –
BUT DID THEY REALLY CATCH A CROOK?

AT THE KELVINGROVE MUSEUM, GLASGOW...

IT'S GOOD OF YE TAE COME ALONG AN' MEET THE TWINS AT THE EXHIBITION, PAW.

FRANK QUITELY THE ART OF COM

OF COURSE I LIKE COMICS - I MARRIED A REAL WONDER WOMAN. AN' THIS FRANK QUITELY LAD'S AWFY GUID.

WE A' KEN THE AULD SKINFLINT PINCHES A'BODY'S COMICS AN' READS THEM FIRST.

LOOK HERE! THE WORLD'S FIRST COMIC. AN' RIGHT HERE FRAE GLASGOW, TAE.

WELL, SCOTTISH COMICS ARE THE BEST. A'BODY KENS YE CANNAE BEAT A SCOTTISH CONNECTION IN ONYTHING.

ARE THEY WEARING YER NEW DISH CLOTHS?

I DINNAE SEE ONY DISH CLOTHS, PAW. JUST TWA BRAVE SUPERHEROES.

THERE'S A VILLAIN, RICHT ENOUGH.

AYE, HE'S GOT A SHIFTY LOOK ABOOT HIM.

WHIT? AWA' WI' THE PAIR O' YE.

YE HAVE TAE EXCUSE THEM. THEY'RE JIST AWFY EXCITED ABOOT SEEING THE COMICS.

TAE THINK I'M THE VILLAIN O' THE PIECE!

LATER...

YE CANNAE GET AWA' FRAE ME!

CRASH! OOYAH!

HEY! HE'S TRYIN' TAE PINCH THE GLASGOW LOOKIN' GLASS!

HA-HA! YOU TWA STOPPED HIM IN A FLASH!

MY WEE HEROES.

YE DINNAE UNDERSTAND! I'M FRANK QUITELY! THIS IS MY EXHIBITION!

NAE REWARDS FOR THE ALL-STAR SUPERMEN O' GLEBE STREET, EXCEPT MAYBE SOME COMICS FRAE THE GIFT SHOP.

SIGHTSEEING IS NO' APPEALING
WHEN YER HEID'S BUMPIN' AFF THE CEILING.

THERE'S TALK AROOND THE TOON
ABOOT THE BOYS NAMED BROON.

THE BROONS WILLNAE BE TOLD
THAT GRANPAW BROON IS FEELING AULD.

WE'RE HAEIN' A PARTY IN THE HOOSE THE NIGHT, GRANPAW. WILL YOU BE THERE?

I DINNAE THINK SO, LASS. I'M NO SAE KEEN ON CROWDS THESE DAYS.

BUT YOU A' HAE A GOOD TIME.

YOU'VE NEVER TURNED DOON A PARTY A'FORE.

HOW ARE YOU, GRANPAW? YOU'LL BE COMIN' OWER THE NIGHT FOR A WEE DRAM AT THE PARTY?

NOT ME, JOE, NO.

I CANNAE TOUCH THE STUFF THESE DAYS. HALF A DRAM AN' I'M FALLIN' ASLEEP.

JINGS! THAT'S NO' LIKE YOU, GRANPAW.

THEN...

I'M OWER AULD TAE DANCE, LASS. I'D JIST BE IN THE WAY. YOU A' ENJOY YOURSELS.

HE SAID HE'S FEELING AULD.

HE TURNED DOON A PARTY, WI' DANCIN' AN' A DRAM? THAT'S NO' LIKE HIM. WE NEED TAE MAK' SURE HE'S A' RIGHT.

BROON? HE'S NO' HERE. HE'S AWA' TAE THE AULD FOLKS' HOME.

MAYBE HE REALLY WAS FEELIN' AULD EFTER A'.

HE'S MOVED IN HERE AND DIDNAE TELL ME. I'M AN AWFY SON. HE MUST BE FEELIN' SO AULD AND LONELY.

HE'S NO' MOVED IN - HE'S JIST HERE FOR A PARTY WI' HIS CRONIES INSTEAD O' BEIN' AT OOR PARTY!

AYE, I'LL BE DAEIN' THE TWIST LATER ON, THEN THE JIVE... YOU DAFTIES - GRANPAW BROON'S NEVER TOO AULD FOR A JIG.

PAW BROON IS ACTIN' LIKE A NUTTER,
FILLIN' THE HOOSE WI' A' THAT CLUTTER.

HOWL! THIS HOOSE IS FULL O' JUNK!

IT'S PAW - HE NEVER THROWS ANYTHING OOT.

AYE, HE'S A HOARDER.

I AM NOT! WHIT A NERVE YE'VE GOT SAYING THAT ABOOT ME.

LOOK, I'M AWA DOON TAE THE SKIP WI' IT NOW. NAE PROBLEM!

WE'RE NEEDING TAE CLEAN THE BUT AN' BEN BEFORE WE SHUT IT UP FOR WINTER.

I'M IN THE MOOD EFTER THAT GOOD CLEAR OOT YESTERDAY.

NO! NO! LET'S LEAVE IT BE - IT'LL BE CAULD UP THE GLEN. YE'LL CATCH A CHILL.

LET'S NO' DAE THIS - LET'S GO BACK HAME AND SIT IN FRONT O' THE FIRE AND WATCH A FILM.

WHEESHT, MAN. IT'LL NO' TAKE LONG.

HERE'S WHY HE DIDNAE WANT US TAE COME - IT'S A' THE JUNK HE SAID HE THREW AWA YESTERDAY.

HE'S A HOARDER - WHIT DID I TELL YE.

GET AWA WITH YE! YE'VE JUST SQUIRRELED AWAY ALL YER JUNK UP HERE.

WE'LL GET SOMEBODY TAE COME AND LIFT IT PROPERLY - AND CHARGE YOU.

WHIT A SLIGHT ON US SQUIRRELS.

YOU'RE JUST LIKE PAW BROON. KEEPING A' THESE FOOSTY NUTS THAT NAEBODY WANTS.

A LOCAL LADDIE TURNS AWFY SHY
WHEN A BROON LASS CATCHES HIS EYE.

THAT'S A BRAW LOOKIN' LAD OWER THERE, MAGGIE.

OCH, YOU'RE MAN-MAD, DAPHNE BROON. THAT'S DAVIE MURPHY AND HE'S JIST STANDIN' THERE.

"JIST STANDING THERE", MY FOOT. HE'S GIEIN' YOU THE EYE.

WELL, HE CAN JIST STOP.

ARE YOU NO' INTERESTED?

I'M NO' SURE, BUT I'M NO' GOING OWER TO CHAT HIM UP.

HE'S AWA TAE GET YE FLOOERS FOR PLAYIN' HARD TAE GET.

I'M NO' PLAYIN' ANYTHIN'. I JIST DON'T KNOW HIM VERY WELL.

HELLO, MAGGIE. I WAS WONDERING...

I TELT YOU!

I... WIS WONDERIN'... WHISPER... WHISPER...

WHAT?

WHAT WIS HE WONDERIN'?

DAVIE WOULD LIKE TO KNOW IF MY GOOD-LOOKIN' SISTER IS SEEIN' ANYBODY.

WHIT? ER, NO. I'M SINGLE JIST AT THE MINUTE, DAVIE.

I WAS A BIT SHY TAE ASK.

DAVIE DIDNAE GIVE ME THE EYE...

...BUT DAPHNE GAVE ME THE ELBOW!

O' COURSE YOU CAN WALK ME HAME.

BRAW.

THE BROONS A' COWER AND WAIL
WHEN THEY HEAR GRANPAW'S HALLOWEEN TALE.

LICHTS OOT, IT'S TIME FOR GRANPAW'S ANNUAL HALLOWEEN GHOST STORY.

I'M GOIN' TAE TELL YE ABOOT THE VISIT FRAE THE GHOST O' GLEBE STREET.

HE CREPT THROUGH THE DARK STREETS...

...SCUTTLING AWA BEFORE DAYLIGHT CAUGHT HIM.

HIS FACE WAS WHITE AND COLOURLESS...

...BUT HIS EYES WERE BLOODSHOT LIKE THEY HAD BEEN LOOKIN' INTO THE VERY FIRES O' HADES.

QUIETLY, HE OPENED THE DOOR. THE DOOR O' THIS VERY HOOSE!

"ONLY YER MAW WAS AWAKE. THE FIGURE REACHED OOT A PALE HAND TOWARDS HER..."

"...AND DELIVERED A BAG O' STILL WARM MORNING ROLLS."

I'VE BEEN BAKING A' NICHT, MAW. HERE'S TWA DOZEN ROLLS FOR YE, HOT OOT THE OVEN.

THAT'S AWFY GUID O' YE, BERT. NOW AWA HAME AN' GET WASHED UP. YE MUST BE AWFY TIRED.

WELL, DID YE GUESS IT WAS THE BAKER?

DID THEY THUMP. YE SCARED THEM AS USUAL, GRANPAW.

I WISNAE SCARED, I WAS JIST COMFY AHENT THE SOFA.

I DINNAE THINK I'LL GO OOT TONIGHT. IT'S AWFY DARK.

AYE, KEEP THE LICHT ON, MAW.

POOR PAW BROON CANNAE LIE,
WI' SO MUCH MONEY HID FRAE THE GUY.

WE'S MAKIN' A GUY FOR THE BONFIRE, PAW.

AYE. THAT'S AWFY GOOD.

THEY'LL BE ASKIN' FOR A PENNY FOR THE GUY A'FORE LONG.

I'LL JUST LOSE MY WALLET DOON THE SIDE O' MY CHAIR FOR A FEW HOURS.

I KEN YE AULD SKINFLINT, PAW BROON. YOU'D BETTER BE COUGHING UP A PENNY FOR THE GUY.

I'VE NAE IDEA WHIT YE MEAN, MAW BROON.

WHAUR'S MY CHAIR?

YOU'VE GOT A NEW ANE BEING DELIVERED TOMORROW SO I TOLD THE BAIRNS THEY COULD USE THE AULD ANE FOR THEIR GUY.

WHAT'S THE MATTER WI' THAT MAN NOO?

WAIT! COME BACK!

MY WALLET'S IN THERE. I NEED IT BACK!

WHAT? A'RICHT, BUT IT WILL COST YE.

WHAT A BRAW FAITHER, GIVIN' HIS BAIRNS A FIVER FOR THEIR GUY.

ONLY BECAUSE HE HID HIS WALLET IN THE CHAIR.

AYE, OOR FAITHER'S SOME GUY A'RICHT.

ME'S AWFY DISAPPOINTED IN YE, PAW.

PAW BROON'S POCKETS ARE AWFY TICHT,
SO THE BROONS KEEP DANCIN' THROUGH THE NICHT.

WI' GREAT BIG HORNS AN' SCUFFLIN' FEET – MEET THE FOG MONSTER O' GLEBE STREET.

WHEN THE BAIRN WANTS TAE PLAY,
SHE AYE GET HER WAY.

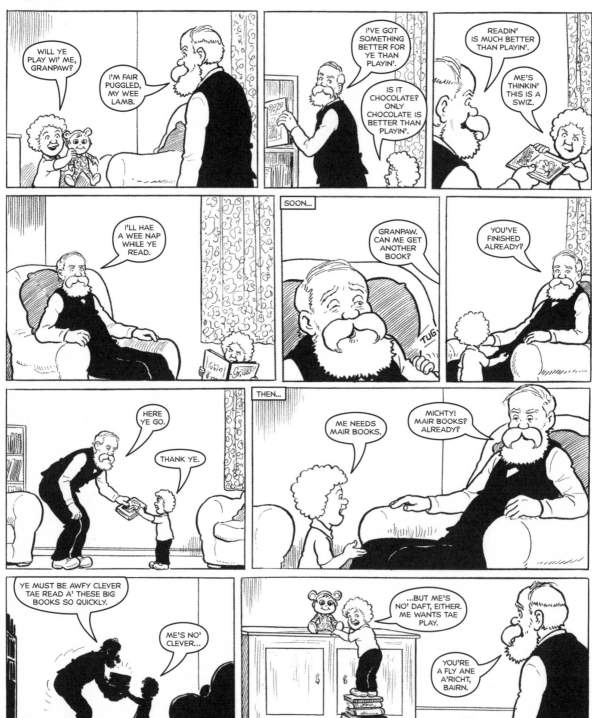

AN APPOINTMENT WI' 10 GLEBE STREET'S NURSE MICHT LEAVE YE FEELIN' WORSE.

WE'RE AFF TAE THE SCHOOL PLAY. IT'S OWER LATE FOR THE BAIRN TAE BE OOT, SO WILL YOU ANES LOOK EFTER HER?

AYE, AWA YE GO.

IT'S NAE PROBLEM. WE AYE LOOK EFTER HER WHEN YE'RE OOT.

YE BIG FIBBERS - YE DO NOT. IT'S GRANPAW WHO LOOKS EFTER ME!

SOON...

WILL YE HAE A TEA PARTY WI' ME AND MY DOLLIES?

THAT'LL BE NICE. WE DID THAT THE LAST TIME WE LOOKED EFTER YE.

TEA AND BISCUITS ARE READY. COME AND JOIN US.

DAE WE HAVE TAE?

AYE, OR SHE'LL TELL MAW.

WILL DOLLY NO' MIND IF WE EAT HER BISCUITS?

THEY'RE A FANCY GREEN COLOUR. WHEN DID YOU AND MAW MAK' THEM?

FOR WHEN YE LAST LOOKED EFTER ME.

BUT THAT WAS LAST EASTER!

THEY'RE TEN MONTHS AULD!

IT'S NO' GREEN COLOURING - IT'S GREEN MOULD!

ARE YOU STILL UP? ARE THEY NO' LOOKING EFTER YOU, MY WEE LAMB?

NAW, ME'S LOOKING EFTER THEM!

SHE POISONED US WI' GREEN, MOULDY BISCUITS.

ME THINKS YE MICHT LIVE.

THE BAIRN AND I MADE THOSE BISCUITS THIS MORNING, YE GREAT NUMPTIES.

CALL THE DOCTOR.

YE WEE BESOM.

ME LIKES PLAYING NURSIES.

MAW'S LEFT WI' ROSY CHEEKS,
WHEN SHE SEES WHAT'S HAPPENED
TAE GRANPAW'S BREEKS!

A LANKY SNAWMAN'S NO' EASY TAE BUILD,
BUT HEN BROON WILL BE THRILLED.

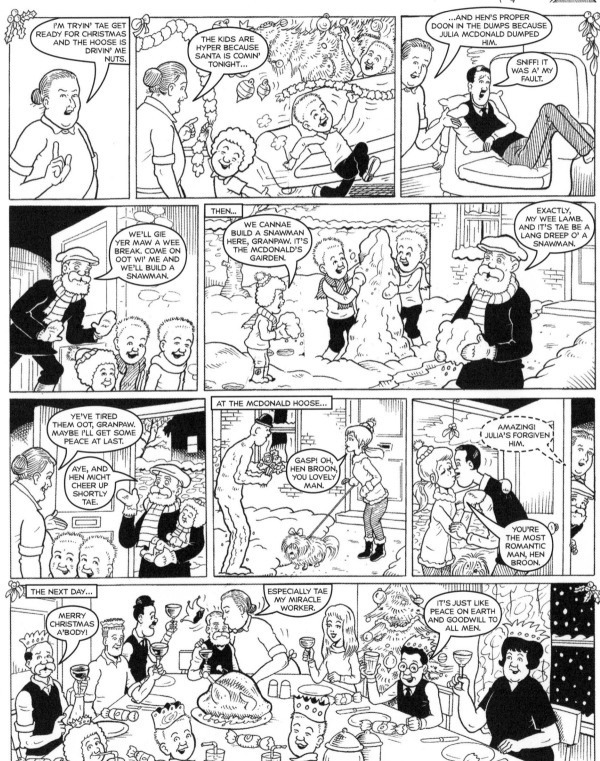

HOGMANAY'S LOOKIN' AWFY DREAR,
JIST MAW AND PAW TAE BRING IN THE NEW YEAR.

PAW BROON HAS TAE WATCH HIS FEET –
IT'S AWFY ICY ON GLEBE STREET.

HORACE'S MACHINE MUST BE BROKEN –
IT DISNAE KEN A WORD THAT GRANPAW'S SPOKEN.

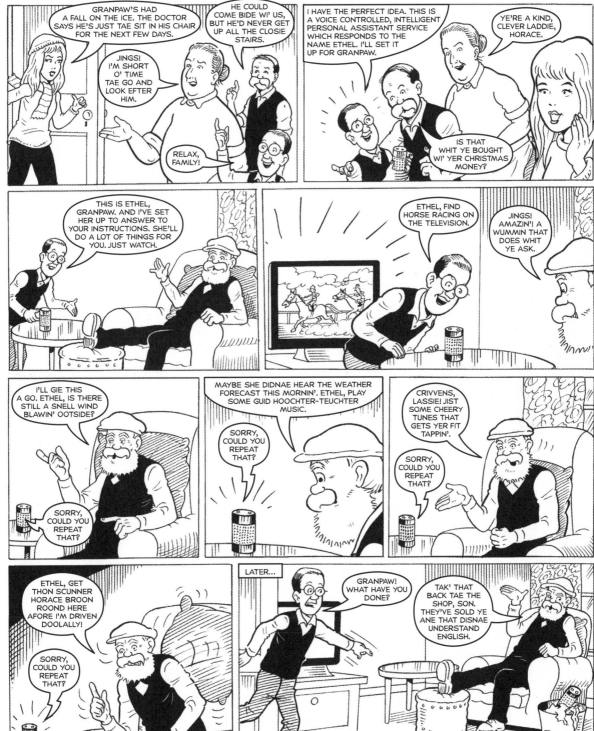

AN ENVELOPE'S COME THROUGH THE DOOR –
BUT WHICH BROON COULD IT BE FOR?

WHIT'S THIS? IT'S ADDRESSED TAE "THE BEST LOOKIN' BROON".

THAT'LL BE FOR ME.

IT'S AN INVITE TO A VALENTINE'S DINNER AT GIUSEPPE'S, THAT SWANKY NEW RESTAURANT. BOABY SIMPSON'S BEEN ASKIN' ME TO GO THERE FOR AGES. MUST BE FOR ME.

PAWS AFF. IT'S MINE.

IT'LL BE FOR ME. LASSIES A' GO DAFT FOR MY MUSCLES.

PITY THERE'S NOTHIN' BUT MUSCLE BETWEEN YOUR LUGS.

IF BRAINS ARE THE THING, IT'S GOT TO BE FOR ME.

AWA AN' BILE YER HEID.

THE LASSIES LIKE A WELL-DRESSED LAD. THAT'LL BE MINE.

SNATCH!

MINE!

IT'S MINE!

NAW, IT'S MINE!

IT'S FOR ME!

ENOUGH O' THIS STOOSHIE. YOU CAN A' GO TAE GIUSEPPE'S AN' SEE WHA IT'S FOR.

RICHT, LET'S SEE WHA'S GOT A CLICK.

NO. THERE'S NOBODY HERE WAITING FOR ANY OF YOU.

WHIT A ROTTEN TRICK.

WHA WOULD DAE THAT?

AT GLEBE STREET...

THE DIRTY TRICKS I HAE TAE PULL SO WE CAN GET THE HOOSE TAE OURSELVES.

YE AULD ROMANTIC, PAW BROON.

DAPHNE'S LOOKIN' AWFY DOUR
WHEN HER FACELIFT GOES SOOR!

I'M FED UP WI' MY FACE. THINK I'LL HAE COSMETIC SURGERY AND GIE MYSEL' A FACELIFT.

AWA YE GO, YE'RE FINE THE WAY YE ARE.

AYE, A HANDSOME HEALTHY LASS.

MAYBE THEN I'D GET A LAD.

MICHTY, YE SEEM TAE HAE PLENTY LADS IF YE ASK ME.

SO THAT'S WHIT THIS IS ALL ABOOT.

BUT NEVER THE RICHT ANE!

CRIVVENS! WHAT'S WRANG WI' DAPHNE?

SHE'S THINKING ABOOT GETTING THON COSMETIC SURGERY.

IF YOU GET IT DONE ON THE CHEAP, IT CAN GO WRANG AND MAKE YOU LOOK WORSE!

AYE, ONE LUG UP AND ONE LUG DOON.

DAPHNE HASNAE MUCH MONEY, BUT SURELY SHE WIDNAE BE SAE SILLY.

THEN SHE'D GET A PART IN STAR WARS AS ONE OF THE ALIENS.

MEANWHILE...

I BOUGHT YE A BAG O' SWEETIES, DAPHNE. WOULD YE LIKE TAE GO OOT WI' ME LATER?

YE KEN THE WAY TAE MY HEART, SANDY DOW. AND THE ANSWER'S YES. PICK ME UP AT EIGHT.

OH NO! DAPHNE'S HAD A FACELIFT AND IT'S GONE WRANG!

SHE DISNAE LOOK LIKE MY BONNIE DAPHNE ONY MAIR.

HELP MAH BOAB!

DINNAE WORRY, DAPHNE. WE'LL GET IT FIXED.

TELL US ABOUT IT, SIS.

I'M JIST SOOKIN' ANE O' THE SOOR PLOOMS SANDY DOW GAVE TAE ME. THEY'RE AWFY SOUR.

YE HAD US GOIN' FOR A MINUTE THERE, LASSIE.

SOOK!

BUT SANDY'S AWFY SWEET, SO I'M AWA TAE GET READY TAE GO OOT WI' HIM.

THAT'S OOR DAPHNE.

WELL WHIT DAE YE KEN, IT'S RAINING INSIDE THE BUT AN' BEN!

BREAKFAST IN BED IS HARD TAE BEAT,
JIST WATCH OOT WHERE YE PUT YER FEET!

WHIT ARE YE DAEIN'?

I'M MAKIN' MAW BREAKFAST IN BED.

YOU'RE OWER LATE FOR THAT. AWA AND GET HER SOMETHIN' ELSE.

AW, JINGS! I'LL NIP TAE THE SHOPS.

I JUST BOUGHT SOME HOT BUTTERIES TO GIE MAW BREAKFAST IN BED.

SOMEBODY ALREADY MADE HER BREAKFAST IN BED.

THESE WILL KEEP US GOIN' WHILE WE GO TAE THE SHOPS.

GET SOMETHING GUID - AN' PICK UP MY PAPER AN' A PINT O' MILK.

NAEBODY ELSE ABOOT? BRAW.

I CAN GIE MAW BREAKFAST IN BED. I'M AN AULD SLY-BOOTS.

OH MICHTY! WHA LEFT THAT THERE?

TRIP!

IS THIS YER IDEA O' BREAKFAST IN BED, PAW BROON? I TELT YE TAE TIDY THAE BOOTS AWA, YE DAFT GOWK.

MICHTY! I PUT MY FOOT IN IT THERE.

HUSH NOW, IT'S TIME FOR SLEEP, MY WEE LAMB.

ME'S NO' TIRED, MAW.

EAT... BRAINS...

WHY DID THE MAN'S HEID FALL AFF?

CRIVVENS! IT'S THE BAIRN.

DINNAE LET HER SEE THE FILM – IT'LL GIE HER NIGHTMARES.

BACK TAE BED, YOUNG LADY.

NAW, ME'S NO' TIRED.

GET GRANPAW TAE COME ROOND. HE'S GID AT GETTING HER TAE SLEEP.

RICHT, I'LL GIE HIM A CALL.

ONCE UPON A TIME...

FOUR WORDS AND SHE'S ASLEEP – AMAZING.

WELL DONE, FAITHER. YE'RE A BAIRN WHISPERER.

AYE, IT'S A MAGIC GIFT I SEEM TAE HAE.

ZZZZZ

ME'S NO' SLEEPING – ME'S JUST PRETENDING.

IF I DINNAE, GRANPAW STARTS SINGING LULLABIES, AND HE'S GOT A VOICE THAT WID GIE YE NIGHTMARES! BUT DINNAE TELL HIM I SAID THAT.

SOMETHING'S GIEIN' GRANPAW GRIEF,
HE'S HAEIN' TROUBLE WI' HIS TEETH.

YE'LL THINK WE'RE PULLING YER LEG
WHEN YE SEE THE BAIRN'S EASTER EGG.

CAN YOU GIE YER FAITHER THESE EGGS RIGHT AWA, MR BROON?

AYE, HE'S COMING ROOND TAE OOR HOOSE FOR HIS TEA.

NAE CHOCOLATE EGGS FOR THE BAIRN THIS YEAR, DAPHNE, I'M THINKING O' HER TEETH.

AW, BUT ME TEETH LIKE CHOCOLATE.

HERE'S A TOY EGG - IF YOU LOOK AFTER IT A DINOSAUR HATCHES OUT.

ME DINNAE LIKE DINOSAURS.

ME WANTS A PROPER EASTER EGG.

I'VE GOT SOME REAL EGGS HERE. YE CAN HAE A TRADITIONAL EASTER, LASS.

GRANPAW WILL NO' MIND IF YE PAINT HIS EGGS - AS LONG AS WE DINNAE BOIL THEM, HE DISNAE LIKE BOILED EGGS.

ME IS GONNA PAINT THE FAMILY'S FACES ON THEM.

NOW, WE'LL JIST PUT THEM BY THE FIRE TAE DRY THE PAINT, MY WEE LAMB.

THE FIRE IS FAIRLY CRACKLING.

HELP MA BOAB! REAL CHICKS.

CHEEP!

I WAS NEEDING MAIR HENS SO FARMER GRAY WAS GIE'N ME SOME HATCHING EGGS.

EASTER CHICKS! HURRAY!

CHEEP! CHEEP!

I'LL LET MR EASTER HERE TELL THE BAIRN SHE CANNAE KEEP THE CHICKS.

GULP! I DIDNAE KEN THIS WID HAPPEN.

CHEEP!

CHEEP!

CHEEP!

THE BOYS LEARN YE CANNAE MEASURE
THE JOY O' YER CHILDHOOD TREASURE.

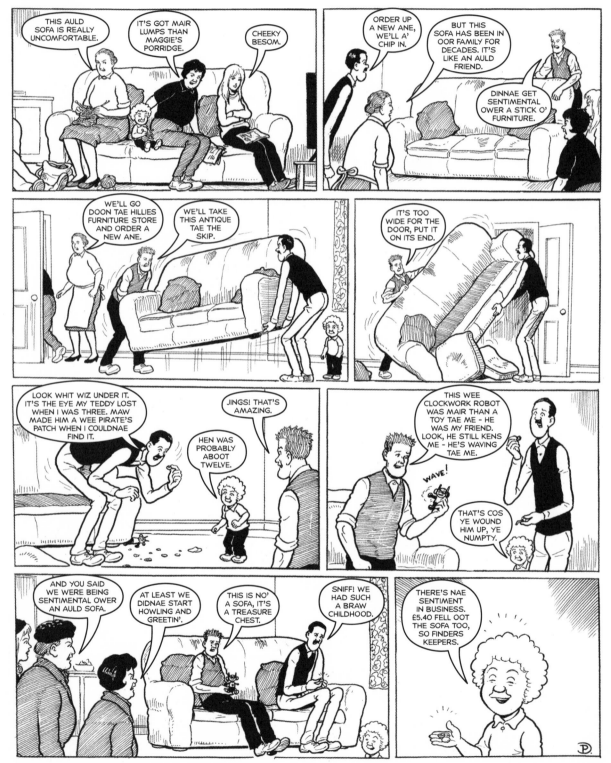

WHEN THE BAIRN STARTS GREETING, PAW BROON SOON STARTS BLEATING!

JINGS, CRIVVENS, MICHTY ME!
PAW BROON IS MAKIN' THE TEA!

POOR HEN ISNAE KEEN
TAE BE REPLACED BY A MACHINE!

PAW IS DRIVEN UP THE WALL,
WAITING FIR AN IMPORTANT CALL.

IS DAPHNE STILL ON THAT PHONE? THAT LASSIE IS ALWAYS TYING UP THE LINE.

NO, YOU HANG UP FIRST.

I SUPPOSE IT'S HER LATEST CLICK.

NAW, IT'S THE PIZZA DELIVERY PLACE. SHE'S GOT THEM ON SPEED DIAL.

SHE'LL HAE A HAWAIIAN AND THAT'S THAT.

I WOULDNAE MIND A BIG STRONG HAWAIIAN LAD.

GRAB!

LEAVE THAT PHONE ALONE. I'LL NO' HAE IT TIED UP. I'M WAITIN' FOR AN URGENT CALL FRAE THE BOOLIN' CLUB.

KEEP YER HAIR ON, PAW. SORRY, TOO LATE!

THEY'RE GONNAE ASK ME TAE BE PRESIDENT O' THE BOOLIN' CLUB. I KNOW THEY ARE. PRESIDENT BROON!

I WISH THEY'D HURRY UP. I'M GETTIN' NERVOUS.

PACE!

MICHTY! I'M GETTIN' IN AN AWFY FANKLE HERE.

PACE!

RING! RING!

I THOUCHT PAW WAS WAITING FOR HIS BOOLIN' CLUB CALL. I'M SURPRISED HE'S LETTIN' THE PHONE RING OOT.

RING! RING!

I'M NO' EVEN ASKIN' WHAT HAPPENED.

WHIT WAS THAT ABOUT ME TYING UP THE LINE, PAW?

PAW BROON, YOU DAFT GOWK!

WOULD SOMEBODY PLEASE GET THE PHONE?

PAW BROON THINKS IT'S BRAW WEATHER TAE GO AND SEE THE BLOOMING HEATHER!

PAW TRIES TAE PROVE HE'S A BAKER,
BUT WILL IT TURN OOT THAT HE'S A FAKER?

JOE IS IN FIR A SURPRISE
HELPING HEN TRY HATS ON FIR SIZE.

THE TWINS' GAMES WILL HAE TAE CEASE IF PAW BROON'S TAE GET SOME PEACE!

AT THE BUT AN' BEN...

YOU TWA ARE PLAYING WI' THAT TABLET WHEN A' THIS WONDERFUL COUNTRY IS BESIDE YE. PUT IT DOON AND PLAY LIKE PROPER LADDIES.

OKAY, PAW.

LET THE LADDIES PLAY IN PEACE, PAW.

SPLASH!

HOWL!

SORRY, PAW!

WE FILLED SOME WATER BALLOONS IN THE BURN. YE'RE RIGHT! IT'S FUN PLAYING IN THE COUNTRYSIDE.

MUTTER!

BUZZ!

WHIT NOO?!

JIST CHASING THE MIDGES WI' OOR DRONE, PAW.

I DIDNAE MEAN FIR YE TAE PLAY WI' TOYS LIKE THAT!

HERE'S A BOX O' MY AULD TOYS. IN MY DAY WE HAD TOYS THAT DIDNAE HURT FOWK.

BORING ANES, YE MEAN.

WHIT'S IN IT?

I CANNAE REMEMBER BUT THEY'LL BE GUID FUN AND SAFE.

OUCH!

WHAP!

COOL!

JIST PLAY YER COMPUTER GAMES UNTIL PAW'S READY FIR MAIR FUN, BOYS.

PEACE AT LAST.

IT'S FAITHER'S DAY FOR PAW BROON
AND A' THE BAIRNS ARE TAKING HIM UP THE TOON!

IT'S MY FAVOURITE DAY O' THE YEAR. A MAN WI' SO MANY BAIRNS HAS GOT TAE LOVE FAITHER'S DAY!

FAITHER'S DAY?!

YOU'VE FORGOTTEN, HAVEN'T YE? YE A' FORGOT YER AULD PAW!

NAW, HOW COULD WE FORGET YE?

IT'S JUST THAT EVERY DAY IS LIKE FAITHER'S DAY BECAUSE YOU'RE SUCH A GREAT PAW!

WE'RE TAKING YOU OOT FOR A SPECIAL FISH SUPPER TEA!

YOU ALWAYS FALL BACK ON A FISH SUPPER AS A PRESENT WHEN YOU FORGET FAITHER'S DAY! YE SHOULD BE ASHAMED, THE LOT O' YOU. FORGETTIN' YOUR AIN FAITHER!

HELLO, EVERYBODY! I'VE JUST COME TO SEE WHIT PRESENT MY LADDIE'S GOT ME FIR FAITHER'S DAY.

PRESENT. OH, AYE... OH, JINGS...

I THOUGHT I'D TAK' YOU OOT FOR A SPECIAL FISH SUPPER, FAITHER!

HE FORGOT TOO!

A FISH SUPPER TEA... YE ONLY GIE ME THAT WHEN YE FORGET A PRESENT. FANCY FORGETTIN' YER AIN FAITHER...

AYE, PAW, FANCY FORGETTIN' YER AIN FAITHER.

NONSENSE! THERE'S NOTHIN' WRONG WI' A GOOD FISH SUPPER TEA. HAPPY FAITHER'S DAY, EVERYONE!

PAW BROON'S A MAN WI' A PLAN,
HE'S GOING OOT TAE GET A TAN!

I'M AWA OOT FOR A BIT O' SUN. GET SOME COLOUR ON ME.

I'LL HAE A WEE SIT DOON AT THE END O' THE CLOSE.

PANT!

TYPICAL MAN. SITTING ABOOT WHEN THERE'S WORK TAE BE DONE.

COUGH! COUGH!

THIS IS BETTER. A BIT O' LOVELY SCOTTISH COUNTRYSIDE...

NO FISHING

GET AFF MY LAND. CAN YOU NO' READ? NAE FISHIN'!

AND A JOBSWORTH SCOTTISH GAMEY. YOU DAFT GOWK, I WAS JUST ANGLING FOR SOME KIP.

NO FISHING

A WEE SEAT ON A NICE WALL WILL BE JUST THE VERY DAB.

THE VERY DAB O' PAINT. JINGS! THE PAINT IS STILL WET!

MICHTY. IT'S A' SLIPPY TOO!

OF COURSE, IT'S WET. I'M NO' FINISHED YET.

SLIDE!

BACK AT GLEBE STREET...

HO-HO! LOOKS LIKE YE'VE CAUGHT SOME COLOUR EFTER A', PAW!

BAH! YOU CAN KEEP YOUR ROTTEN SUN.

THE BROONS KEN THAT THERE'S NAE DISH, BETTER THAN FRESH COOKED FISH.

PAW BROON'S GONNA SNAP, IF HE HEARS ONE MAIR TAP!

AT THE BUT AN' BEN.

THAT WAS A GREAT WALK UP BLIND MCBAIN'S WAY.

WHY'S IT CALLED THAT?

BLIND MCBAIN WALKED THESE HILLS SEARCHING FOR BONNIE PRINCE CHARLIE.

SOME SAY YE CAN STILL HEAR HIS STICK TAPPING ON THE STANES AT NIGHT.

RICHT, KIDS – GET AWA TAE BED, YE MUST BE WABBIT.

I THINK WE'LL HAE AN EARLY NICHT ANAW.

I'LL JIST SIT HERE AN' WATCH THE GLOAMING SETTLE DOON ON THE HILLS.

JINGS, IT'S OWER SPOOKY OOT TONIGHT.

WHIT'S THAT TAPPING?

TAP! TAP!

IT'S STOPPED. I MUST BE IMAGININ' THINGS.

PULL YERSEL' TOGETHER, MAN.

THERE IT IS AGAIN AN' IT'S GETTING CLOSER. HELP! BLIND MCBAIN'S IN THE HOOSE!

TAP! TAP!

IT'S JUST THE BAIRN'S WEE DANCING RABBIT.

I MUST HAE BEEN SITTING ON THE REMOTE CONTROL.

TAP! TAP!

YOU'RE A PROPER CHARLIE – AND NO' A VERY BONNIE ANE EITHER.

HEN'S SUDDENLY GOT A WHIM
TAE RUSH ON DOON TAE AUCHENTOGLE GYM!

YOU SHOULD JOIN THE GYM LIKE ME, HEN. PUT SOME MUSCLE ON YE.

AN' YOU COULD SAVE YERSEL' MONEY BY LIFTING A COUPLE O' AULD BRICKS IN THE GAIRDEN INSTEAD.

I WORK WI' MAH BRAIN, BRO. AND EFTER A DAY IN THE ACCOUNTS DEPARTMENT I JUST WANT TAE CHILL.

AH, BLISS. TIME TAE REST MAH WEARY BRAIN.

HEN, GIE ME A HAND. I CANNAE GET THE BOOLING CLUB ACCOUNTS TAE BALANCE.

SIGH! LET ME HAE A LOOK THEN.

YE FORGOT TAE ADD ON THE MONEY FOR THE NEW TROPHY.

DID I? YE'RE A RARE HELP, SON.

HEN, COME CHECK MAH ONLINE BANKING. THE CASH MACHINE WILL NO' GIE ME ONY MONEY.

HELP MAH BOAB! CAN NONE O' YE COUNT?

WHEN YE'RE FINISHED WILL YE CHECK THIS, HEN? THE SUPERMARKET SAID I'D GET TEN PER CENT AFF IF I SPENT MAIR THAN SIXTY QUID?

THAT'S IT. I'M GOING OOT!

HEN?

DINNAE ASK.

PAW BROON'S PUT TAE THE TEST
DEALIN' WI' AN UNWELCOME GUEST.

GRANPAW TURNIN' DOON A MEAL?
HE MUST BE FEELIN' NO' WEEL!

ARE YE COMIN' ROOND TAE THE HOOSE FIR YER TEA TOMORROW, GRANPAW?

I CANNAE, LASS, I'M AT THE HOSPITAL.

AYE, IT'S A TERRIBLE PLACE TAE BE ON YER AIN.

AYE, IT MUST BE.

GRANPAW'S GOIN' INTAE HOSPITAL TOMORROW ON HIS AIN. WHIT'S WRONG WI' HIM?

OH, THAT'S JIST AWFY, PAW. HE DIDNAE TELL US.

THE POOR AULD MAN A' ON HIS OWN IN HOSPITAL.

I'M AN AWFY SON.

RICHT, THE LOT O' YE. WE'RE GOIN' TAE VISIT YER POOR, LONELY, AULD GRANPAW IN HOSPITAL THE MORN.

I DIDNAE KEN HE WAS ILL.

LET'S A' GET PRESENTS AN' CARDS FIR HIM.

IT'LL MEAN A LOT TAE HIM TAE KEN WE A' CARE.

THESE WILL DEFINITELY CHEER HIM UP.

A' I GOT HIM GRANNY SOOKERS.

I GOT HIM JELLY BABIES.

GRANPAW, WHIT ARE YOU DAEIN' OOT O' BED?

I'M VISITIN' AULD JESSIE. SHE'S NAEBODY ELSE TAE VISIT HER. WHIT ARE YOU LOT DAEIN' HERE?

WE'RE... JIST VISITIN' A'BODY TAE MAK' SURE NAEBODY'S LONELY.

AYE, THAT'S RICHT. JIST BEING KIND NEIGHBOURS, THAT'S A'.

DAPHNE BROON, YER LUGS NEED CLEANED OOT.

DAPHNE'S ON HER FIFTH BOOK
SO PAW THINKS THE LIBRARY DESERVES A LOOK!

PAW BROON TRIES HIS BEST
TO MAK' SURE THE PICNIC ISNAE A MESS!

THE BROONS HAE A PLIGHT,
A WEE DEBATE HAS CAUSED A FIGHT!

TOOLS IN A GARDEN SHED?
SEE WHIT THE BROONS HAE INSTEAD!

HEN'S LEAVING HOME
'TIL HIS PLANS GET OVERBLOWN!

BE CAREFUL WHERE YE TREAD,
AFORE YE FIND YERSEL' BACK IN BED!

MAGGIE'S DOON IN THE MUD
WHEN SHE LOOKS UP AN' SEES A STUD!

PAULO MADINI, WHIT ARE YOU DAEIN' BACK IN AUCHENTOGLE?

MY BAND ARE PLAYING IN GLASGAE SO I THOUGHT I'D DROP BY THE AULD PLACE.

REMEMBER WHEN ME AND MAGGIE PLAYED TOGETHER IN THE STREETS. SHE WAS MY FIRST GIRLFRIEND. SIGH!

SHE'S MOVED ON A BIT SINCE THEN. COME ROOND FOR A CUPPY AND SEE HER.

WHIT'S THAT, MAW? YE'RE BRINGING PAULO MADINI ROOND TAE MEET MAGGIE?

NOW? BUT MY SKIN IS SO DRY.

JUST RELAX AND I'LL PUT ON THIS TROPICAL MUD PACK.

I'VE NO' SEEN PAULO SINCE WE WERE BAIRNS.

THIS CUCUMBER WILL REFRESH YER EYES.

MUD – JIST WHAT ME AND MY PALS NEED.

WHAUR'S THE MUD?

THE BAIRN'S GOT IT.

GIVE ME BACK MY MUD, YE WEE BESOM!

NAW, WE'RE MAKING MUD PIES.

BUT YE CAN HAE SOME FOR CALLING ME A BESOM.

HOWL! YE'LL BE SORRY.

CRIVVENS! MAGGIE BROON IS STILL PLAYING OOTSIDE. SHE HASNAE MOVED ON AT A'. THINK I'LL GIE THE TEA A MISS.

MICHTY! WHIT AN EMBARRASSMENT.

PAW'S SNORING PROVES TAE BE A PEST, BRINGING IN AN UNWANTED GUEST!

THE HIGHLAND AIR AYE MAK'S ME SLEEPY, I'M GOING TAE TURN IN.

I THINK WE'LL A' HAE AN EARLY NIGHT.

AYE, THE MIDGES ARE DRIVING ME DAFT.

ROAR!

SNORE!

BLAART!

WAKEN UP, YOU! NAEBODY CAN SLEEP FIR YER SNORING.

EVEN THE FOLK IN THE NEXT GLEN WILL BE KEPT AWAKE!

WHIT A NERVE YE HAE! I DINNAE SNORE! AWA AND LEAVE ME IN PEACE.

THE NEXT MORNING.

COME SEE THE GIANT SHEEP, GRANPAW.

THAT'S A STAG, MAH WEE LAMB. THEY'RE WILD CREATURES THAT DINNAE OFTEN COME NEAR HOOSES.

HUMPH! I NEVER GOT BACK TAE SLEEP WI' THAT LOT COMPLAININ' A' NICHT ABOOT ME SNORIN'. I'M GOING TAE HAE A WEE SNOOZE IN THE GAIRDEN.

SNORE!

HOWL!

IT'S YOUR SNORING THAT BROUGHT THE STAG DOON HERE!

IT THOUGHT YE WERE CHALLENGING IT TAE A FECHT.

WILL YE STOP LAUGHING AND CHASE IT AWA!

HE'LL SLEEP THE NICHT WI' A' THAT EXERCISE.

THE BROONS LEND A HELPIN' HAND,
OOT IN THE FIELDS, WORKIN' THE LAND.

IT'S A GRAND THING TAE STRETCH YER LEGS, MY WEE LAMB.

NAEBODY ELSE CAME FIR A WALK - THEY'RE A' BEIN' LAZY.

TIME YE WERE GETTING THE TATTIES LIFTED, TAM.

AYE BUT MY PICKERS ARE NO' COMING OWER FRAE EUROPE THIS YEAR, THEY'RE A' WORRIED ABOOT THIS BREXIT.

WE NEED ANOTHER KIND O' BREXIT TAE HELP TAM OOT.

AULD CLAES ON AND A'BODY OOT - YE'VE WORK TAE DAE!

SEE, LASS. IT'S ANOTHER BREXIT - A BROONS-EXIT!

YE'RE FUNNY, GRANPAW.

THIS TAKES ME BACK.

WE USED TAE DO THIS EVERY YEAR.

DOING IT BY HAND IS GOOD FOR THE ENVIRONMENT.

JINGS! MY NAILS!

THIS IS LIKE A WORKOUT AT THE GYM, HEN.

THIS IS GUID FOR MY FIGURE

WHEN YE'RE AS TALL AS ME YE'VE A LOT FURTHER TAE BEND.

TIME TAE PACK UP.

AT HOME...

MAW'S MADE STOVIES WI' THE TATTIES AND A'BODY IS HAPPY.

AYE, LASS - A CHANGE IS AS GUID AS A REST SOMETIMES.

DAPHNE KENS JUST THE MAN
TAE HELP HER GET A GOLDEN TAN!

THE BAIRN'S ASKIN' LOADS O' QUESTIONS,
LUCKILY PAW HAS SOME SUGGESTIONS.

CCTV CANNAE BEAT
THE AULD LADIES ON GLEBE STREET!